ABRÉGÉ

DE LA

VIE DE MME DE LESTONNAC,

FONDATRICE

DES RELIGIEUSES DE NOTRE-DAME,

ET

EXTRAIT DES DOCUMENS ET ACTES AUTHENTIQUES LA CONCERNANT, DEPUIS LE 25 AVRIL 1794 JUSQUES A CE JOUR.

BORDEAUX,

Imprimerie de BALARAC jeune, rue des Trois-Conils, 18.

1843.

EXTRAIT

DU SECOND VOLUME

DE

L'HISTOIRE DE BORDEAUX,

Par DOM DEVIENNE, Bénédictin.

Ce second volume est inédit; le manuscrit est la propriété de la municipalité, qui l'acquit du savant Bénédictin.

Jeanne DE LESTONNAC naquit à Bordeaux, l'an 1556, de Richard de Lestonnac, conseiller au parlement, et d'Eyquem de Montaigne, sœur du fameux Michel de Montaigne. Sa mère, qui professait la nouvelle religion, voulut la lui inspirer, et, n'osant le faire ouvertement, à cause de son mari, elle confia son éducation à une de ses sœurs, qui pensait comme elle. Richard de Lestonnac s'étant aperçu du danger que courait sa fille, la retira d'entre les mains de sa tante. Ayant puisé les principes de la religion dans une source pure, elle s'y affermit tellement, qu'elle osa entreprendre la conversion de sa mère; son zèle ne produisit d'autre effet que celui de s'attirer l'inimitié de celle à qui elle voulait rendre le plus grand service.

Jeanne DE LESTONNAC fit paraître, dès l'âge le plus tendre, une piété éminente et un goût si décidé pour la solitude, qu'elle s'y serait consacrée dès-lors par des vœux de religion ; mais la plupart des Monastères n'étaient plus, depuis long-temps, des asiles de l'innocence et de la pénitence, et le relâchement s'y était tellement introduit, qu'il était, en quelque sorte, plus difficile d'y faire son salut qu'au milieu du monde. Cette jeune personne fut donc obligée de se former une retraite au fond de son cœur, en attendant qu'elle pût s'en procurer une conforme à ses désirs. Lorsqu'elle fut parvenue à l'âge de dix-sept ans, ses biens, son esprit, son caractère et une beauté peu commune, la firent rechercher par Gaston, marquis de Montferrand. Richard de Lestonnac, flatté de s'allier à une maison aussi illustre, obligea sa fille de surmonter ses répugnances pour lui donner sa main.

La jeune marquise se comporta dans son nouvel état comme dans le premier, dont elle ne retrancha que ce qui était absolument incompatible avec les engagemens qu'elle venait de contracter. Elle devint mère de sept enfans, dont trois moururent en bas-âge. Elle n'était âgée que de quarante ans lorsqu'elle perdit son époux. Elle reprit aussitôt l'ancienne résolution qu'elle avait formée de se consacrer à Dieu. Elle commença d'abord par se dégager des liens qui l'attachaient au monde. Deux de ses filles se firent Religieuses Annonciades. Elle envoya son fils à Rome pour perfectionner son éducation dans cette capitale; il ne resta auprès d'elle que la plus jeune de ses filles.

La marquise de Montferrand ayant formé son plan de vie, devint le plus parfait modèle des veuves chrétiennes ; elle fréquentait avec assiduité les sacremens, faisait deux heures d'oraison par jour, répandait des aumônes abondantes, donnait de temps en temps à manger aux pauvres et les servait elle-même; elle s'interdit toute visite inutile; elle ne quittait sa maison que pour se rendre dans les prisons, dans les hôpitaux et dans les asiles les plus secrets de l'infortune et de l'indigence. Jamais elle ne paraissait en public qu'avec l'extérieur le plus édifiant. On voyait une femme de la première qualité, vêtue simplement, dont la modestie faisait la principale parure, cherchant à voiler sous les dehors les plus communs un air de grandeur qui se répandait malgré elle dans toute sa personne, et des charmes que les années n'avaient point encore flétris.

Telle était, depuis six ans, la vie de la marquise de Montferrand, lorsqu'elle apprit qu'Antoinette d'Orléans, sœur du duc de Longueville, venait d'entrer à Toulouse dans le Monastère des Feuillantines, qui était dans une grande réputation de sainteté. Un exemple si éclatant fit une vive impression sur elle; s'étant déterminée à la suivre et ayant obtenu l'agrément du Provincial des Couvens Feuillans, qui était alors à Bordeaux, elle se disposa à partir pour Toulouse, et garda néanmoins sur son projet un parfait silence; ce ne fut que la veille de son départ qu'elle fit venir le marquis de Montferrand pour l'en instruire. L'entrevue fut touchante.

« Mon fils, lui dit-elle, la vie que je mène depuis la mort
» de votre père vous a fait assez connaître que je ne regarde
» le monde que comme une terre étrangère; je dois aujour-
» d'hui vous apprendre que je vais la quitter sans retour.
» J'ai choisi pour ma retraite la Maison des Feuillantines de
» Toulouse. Je n'ai que trop vécu dans l'agitation; le temps
» est venu de réparer celui que le siècle m'a fait perdre. Dès
» ma tendre jeunesse, je me suis consacrée à Dieu dans le
» fond de mon cœur; je vais maintenant acquitter ma pro-
» messe : puisse-t-il agréer les faibles restes de ma vie! Ne
» m'enviez pas le seul bien où j'aspire; je vous abandonne
» tous les autres. Le sacrifice n'est pas considérable, et je
» connais trop vos sentimens pour n'être pas convaincue que
» vous ne ferez cas vous-même de ces biens périssables
» qu'autant que la Religion vous en dictera l'usage. Le pré-
» cieux héritage que je désire vous laisser est la crainte du

» Seigneur. Soyez fidèle à son service, et il vous tiendra lieu » de père et de mère. Je vous recommande votre jeune sœur; » songez à l'établir; que votre amitié pour elle l'empêche de » s'apercevoir de la perte qu'elle va faire! Croyez cependant » que si votre mère va mourir pour vous comme pour le » monde, elle ne cessera d'invoquer le Seigneur, du fond de » sa retraite, afin qu'il vous comble, ainsi que votre sœur, » de ses bénédictions. »

Le jeune Montferrand, surpris et attendri, ne put d'abord répondre à sa mère que par un torrent de larmes. Il essaya ensuite de la faire changer de résolution. N'ayant pu y réussir, il voulut du moins l'accompagner à Toulouse; elle le lui défendit, et lui recommanda le plus profond secret. Le lendemain, elle se rendit, dès le point du jour, sur les bords de la rivière, pour s'embarquer. Comme les matelots se disposaient à partir, elle vit arriver sa fille. Cette jeune personne avait été éveillée par les cris des domestiques, qui pleuraient la perte de leur maîtresse; en ayant appris la cause, elle s'était levée avec précipitation, et accourait toute éplorée sur le bord du rivage. Elle voit la barque fatale, y entre, se jette au cou de sa mère, qui ne s'attendait à rien moins qu'à cette entrevue, l'arrose de ses larmes et fait retentir l'air de ses cris. L'attaque était vive; le courage de la marquise en fut ébranlé; mais la grâce surmonta la nature. Elle consola sa fille du mieux qu'il lui fut possible, s'arracha de ses bras et partit. En arrivant à Toulouse, le premier objet qui s'offrit à ses yeux fut son fils. Les ordres les plus précis de sa mère n'avaient pu le retenir; il rouvrit une plaie qui saignait encore. Tout ce que l'esprit et la tendresse peuvent suggérer fut mis en œuvre pour engager la marquise à abandonner son entreprise. Son fils lui dit que, dès que son départ avait été su à Bordeaux, il n'y avait eu qu'une voix pour la blâmer; qu'on trouvait que le parti violent qu'elle avait pris était moins le fruit de la réflexion que d'une sagesse inconsidérée; qu'on ne pouvait comprendre comment elle avait abandonné des enfans sur lesquels les lois divines et humaines l'obligeaient de veiller sans cesse; que si son inclination la portait à se retirer dans un Couvent, la ville de Bordeaux en renfermait plusieurs; que la Règle qu'elle allait embrasser était au-dessus de ses forces, et que Dieu ne pouvait être l'auteur d'un dessein dans lequel elle s'écartait si sensiblement des Règles.

La marquise de Montferrand ne fut point offensée de la liberté avec laquelle son fils lui parlait, et elle se contenta de lui répondre qu'elle connaissait trop le monde pour imaginer qu'il dût approuver son entreprise; que, n'ayant jamais cherché à lui plaire, elle n'était nullement affectée de sa censure; qu'elle avait assez bonne opinion de son fils pour le croire capable de veiller sur sa sœur; qu'elle se croirait heureuse si les austérités de la vie qu'elle allait embrasser abrégeaient des jours dont elle avait fait depuis long-temps le sacrifice; qu'elle le conjurait et lui ordonnait, par toute l'autorité qu'elle conservait encore sur lui, de ne plus faire de nouvelles tentatives pour la détourner d'une résolution dans laquelle elle était inébranlable. Étant ensuite entrée dans le Couvent des Feuillantines, elle y prit l'habit des mains de la Prieure, le 11 juin 1603.

Quoique la marquise de Montferrand ait eu lieu de se persuader que c'était Dieu qui lui avait inspiré d'entrer dans l'état qu'elle venait d'embrasser, cependant sa santé ne lui permit pas d'en supporter la rigueur. Après avoir porté pendant six mois l'habit de Saint-Bernard, elle fut obligée de le quitter et revint à Bordeaux, sans se désister du projet qu'elle avait conçu d'abandonner le siècle dès que la Providence lui en fournirait l'occasion. Sur ces entrefaites, elle maria sa fille au baron d'Arpaillan, gentilhomme du Périgord, et la conduisit peu après dans les terres de son mari. Elle convertit, dans ce voyage, plusieurs demoiselles qui avaient embrassé la nouvelle réforme. A son retour, elle passa deux ans à Lamothe, dans une de ses terres. Le talent dont elle venait de faire un aussi heureux essai lui ayant inspiré le désir de se livrer à l'éducation des personnes de son sexe, elle revint à Bordeaux, remplie de cette idée. Comme son projet avait beaucoup de rapport avec le principal objet de l'Institut des Jésuites, elle en conféra avec plusieurs de ces Pères, et s'étant associée dix compagnes, elle jeta avec elles les fondemens d'une Congrégation de filles destinée à élever de jeunes personnes de leur sexe, dont la plupart étaient abandonnées à des maîtresses imbues des nouvelles erreurs. Le père Des Bordes, Jésuite, sous la direction de qui elles se mirent, commença à leur faire faire les exercices spirituels de Saint Ignace. La Fondatrice ayant perfectionné son plan dans différens entretiens qu'elle eut avec ce Religieux, assembla un jour ses compagnes, pour leur développer davantage l'esprit du nouvel Institut; elle leur dit qu'il serait une imitation de celui de la Compagnie de Jésus; que, comme cette Compagnie avait le Fils de Dieu pour chef, elles auraient sa Mère pour patronne et pour modèle; qu'elles feraient une profession particulière d'étendre son culte, d'honorer ses grandeurs et d'imiter ses vertus; que les deux Ordres auraient pour objet commun d'être tout à Dieu et tout au prochain, et d'unir l'action à la contemplation; que la différence qu'il y aurait entre eux, c'est que l'un exercerait son zèle sur les personnes de tout état, de tout pays, de tout âge, au lieu que l'autre se bornerait à former les jeunes personnes de son sexe par l'instruction et par l'exemple. « Que de proies, ajouta la » marquise en se livrant à un saint enthousiasme, nous » allons arracher à l'enfer! Combien nous allons sauver » d'âmes, qui sans nous croupiraient dans l'ignorance, » ou apprendraient ce qu'elles devraient à jamais ignorer! » Nous n'instruirons que des enfans, il est vrai; mais

» c'est l'âge de la docilité, c'est l'âge où les impressions se » gravent pour être ineffaçables. Ces enfans cesseront de » l'être, et nous sanctifierons des familles entières. Je con- » viens que notre emploi n'aura rien d'élevé : aussi nous » mettra-t-il à couvert des atteintes de la vaine gloire. Il » sera pénible et rebutant; mais nous n'aurons qu'une » partie des austérités que prescrivent les autres Règles. » Nous travaillerons quelquefois pour des ingrats ; mais » nos intentions en seront plus pures, et plus notre désinté- » ressement sera parfait, plus la récompense que nous en » recevrons dans le ciel sera abondante. »

Les Règles destinées à l'établissement des Filles de Notre-Dame ayant été rédigées, la marquise de Montferrand les présenta au Cardinal de Sourdis, pour les autoriser. Ce Prélat, qui la connaissait déjà de réputation, la reçut avec bonté. Il voulut néanmoins l'engager à associer sa Congrégation à celle des Ursulines (1), plutôt qu'à fonder un nouvel ordre ; mais la marquise lui ayant témoigné quelque répugnance pour ce projet, le Prélat, sans insister, approuva son dessein, et lui promit de le favoriser de tout son pouvoir auprès du Pape, dont l'autorité était nécessaire pour ériger sa Congrégation en Ordre religieux. Moisset, curé de Sainte-Colombe, fut député à cet effet auprès du Souverain Pontife. Le Cardinal lui donna la qualité de son envoyé, et lui remit des lettres pour Sa Sainteté et pour plusieurs Cardinaux, avec des instructions sur la manière dont il devait se conduire. Le maréchal d'Ornano lui donna aussi

(1) Le Jésuite qui a composé la vie de Mme de Lestonnac donne à entendre, dans plusieurs endroits, que les Ursulines étaient tombées dans le relâchement, et que le Cardinal de Sourdis voulut se servir de la Fondatrice de Notre-Dame pour les réformer. Ce fait est dépourvu de tout fondement, puisque l'établissement des Ursulines n'a précédé que d'un an celui de Notre-Dame.

des lettres de recommandation. Moisset ayant trouvé de fortes protections dans les Cardinaux Bellarmin et Baronius, eut une audience favorable de Paul V, qui, après avoir entendu le rapport de la Congrégation des Cardinaux, établie pour les affaires des réguliers, fit expédier, le 16 avril 1607, les bulles d'érection de l'Institut des Filles de Notre-Dame, pour former les jeunes filles aux bonnes mœurs et aux vertus chrétiennes, sous la juridiction de l'Ordinaire, et en confia au Cardinal l'exécution. Il ne s'agissait plus que de trouver un local pour la nouvelle Communauté. Le Cardinal ayant fait don de la chapelle du Saint-Esprit, qui était dans le quartier du Château-Trompette, Mme de Montferrand acheta quelques bâtimens voisins où elle proposa à ses compagnes de se retirer. La vue de l'engagement qu'elles allaient contracter pour le reste de leur vie en découragea plusieurs. Il n'en resta que trois (auxquelles une quatrième se joignit bientôt après) qui voulurent suivre la Fondatrice ; cette désertion ne l'empêcha pas de continuer avec zèle son entreprise. Comme la bulle de Paul V prescrivait l'agrégation du nouvel établissement à quelque ancien Ordre, le Cardinal l'unit à celui de Saint-Benoît. Toutes les formalités étant remplies, le Cardinal se rendit, le 1er mai 1608, dans la chapelle du Saint-Esprit, et donna l'habit religieux avec beaucoup de solennité à la marquise (qui ne voulut plus depuis ce jour être appelée que la Mère de Lestonnac) et à ses quatre compagnes.

Le nouvel établissement fut, comme il est ordinaire, approuvé par les uns, et censuré par les autres ; mais Dieu le bénit tellement, que les cinq Filles qui avaient abandonné la Fondatrice, vinrent se jeter à ses pieds pour reconnaître leurs fautes. Elle les reçut avec bonté, et le Cardinal leur donna l'habit de l'Ordre ; elles ouvrirent peu après leurs écoles, qui furent bientôt remplies d'une nombreuse jeunesse.

Louis XIII ayant accordé des lettres-patentes à l'Institut des Religieuses de Notre-Dame, et le temps d'épreuves des dix Novices étant près d'expirer, la mère de Lestonnac fit prier le Cardinal de les admettre à la profession solennelle. Le Prélat se contenta de dire qu'il verrait ce qu'il aurait à faire. Une réponse si sèche ne pouvait qu'alarmer la Fondatrice. En effet, le Cardinal avait repris son ancien projet de réunir les Filles de Notre-Dame avec celles de Sainte-Ursule, et lorsque la Mère de Lestonnac vint se jeter à ses pieds pour lui renouveler sa demande, il lui répondit qu'il recevrait volontiers ses vœux, mais que ce serait à condition qu'elle et ses Filles s'uniraient aux Ursulines, dont elle serait dans ce cas déclarée Fondatrice et nouvelle Supérieure ; qu'il était persuadé que Dieu retirerait beaucoup de gloire de cette union, et le prochain beaucoup d'avantage. « Tel » est, ajouta-t-il, l'avis de mon conseil, et vous savez que » tel était mon ancien projet. Je me repens de ne l'avoir pas » suivi ; mais on ne trouvera plus la même facilité à me » faire changer. Montrez-moi par votre soumission que je » ne me suis pas trompé dans la bonne opinion que j'ai » toujours eue de vous. »

La Mère de Lestonnac, revenue de sa première surprise, et sentant la nécessité de répondre avec fermeté, représenta au Cardinal que les mêmes raisons qu'elle lui avait alléguées pour ne point accepter l'union qu'il lui avait proposée avec les Ursulines subsistaient toujours, et qu'elle en avait encore de plus nouvelles et de plus fortes, puisque deux ans de noviciat, dans un Ordre différent, formaient un espèce d'engagement ; qu'après une telle démarche, ni elle, ni ses compagnes ne pouvaient changer d'état, sans se montrer infidèles à Dieu, et sans se déshonorer aux yeux des personnes sensées ; que la bulle du Pape, les lettres-patentes, l'agrégation à l'Ordre de Saint-Benoît ne leur laissaient plus la liberté du changement. « *Daignez, Monseigneur*, ajouta-

» t-elle, *daignez réfléchir sur ce que je prends la liberté de » vous remontrer. Je sais la soumission que je vous dois ; » mais il n'est pas non plus en mon pouvoir d'oublier celle » que je dois à celui qui m'appelle à l'état dont vous voulez » me tirer. Daignez considérer que c'est vous qui m'y avez » placée, et que cet état est votre ouvrage. Voudriez-vous ren- » verser ce que vous avez élevé, désoler des Filles qui vous » regardent comme leur père, et les forcer à un engagement » qui ne peut être légitime qu'autant qu'il est libre ?* »

Le Cardinal était entier dans ses sentimens ; il s'offensa du discours de la Mère de Lestonnac, et la quitta brusquement, en lui disant que sa résolution était prise et qu'il ne changerait jamais. Cette pieuse femme sentit toute l'amertume de sa situation ; elle alla déposer ses peines dans le sein de celui qui la soumettait à une si rude épreuve, et exhorta ses chères Filles à mettre en lui toute leur confiance. « *Si Dieu » est pour nous*, leur disait-elle, *qui pourra nous nuire ? Il » ne nous manquera pas le premier. Défions-nous de nous- » mêmes, et jamais de sa providence. Les hommes ne veulent » pas recevoir nos vœux : nous n'en serons pas moins à lui, » nous les garderons comme si notre bouche les avait prononcés, et il nous tiendra compte de nos intentions comme de » nos œuvres.* »

Cependant la ville était partagée sur cet événement : chacun en parlait selon ses intérêts ou ses idées ; il en était peu néanmoins qui ne plaignissent une sainte femme qui, après avoir fait des dépenses considérables, se voyait à la veille d'en perdre le fruit. Sa disgrâce lui attira une multitude de visites. La prudence avec laquelle elle se comporta dans une affaire si délicate lui fit beaucoup d'honneur ; il ne lui échappa pas un seul mot qui témoignât du mécontentement ou de la sensibilité ; elle était la première à excuser l'archevêque et n'en parlait jamais qu'avec respect et avec éloge. Elle ne se donna aucun mouvement pour lui faire changer de sentimens, et attendit tranquillement qu'il revînt à lui-même. Cependant, plusieurs personnes puissantes s'intéressèrent pour elle; mais le Cardinal se montra inflexible. Se trouvant obligé de partir pour Rome, il voulut auparavant sommer la Mère DE LESTONNAC et ses compagnes de prononcer leurs vœux conformément à ses intentions; cette tentative n'ayant pas réussi, il prit le parti de se mettre en route et de les abandonner à elles-mêmes. Ayant fait partir ses équipages, il se rendit à Lormont et y fit quelque séjour. Comme il réfléchissait un jour sur l'état de la Mère DE LESTONNAC et de ses Filles, les peines qu'il leur faisait éprouver firent une vive impression sur lui; il sentit affaiblir le désir qu'il avait de voir les deux Communautés réunies; il crut même s'apercevoir qu'il se passait en lui quelque chose de surnaturel, auquel il était impossible de résister. Sentant son cœur entièrement changé, il revint sur l'heure à Bordeaux, au grand étonnement de ses domestiques, qui ignoraient la cause de son retour. Dès le lendemain, il se rendit à la Communauté de Notre-Dame et demanda la Mère DE LESTONNAC; elle vint, incertaine si elle devait s'attrister ou se réjouir. « Ma Mère, » lui dit-il aussitôt qu'il la vit, je suis décidé à recevoir » vos vœux et ceux de vos Sœurs. Préparez-vous à ce sa- » crifice; je viendrai demain dans votre chapelle pour y » dire la Sainte Messe et attirer sur vous les bénédictions » célestes. »

Cette cérémonie se fit en effet le lendemain, jour de la Conception de la Vierge.

L'Ordre de Notre-Dame, ainsi établi après tant de traverses, fit des progrès rapides; nombre de sujets se présentèrent. Les deux filles de la Mère DE LESTONNAC, qui étaient dans le Couvent des Annonciades, demandèrent leur translation dans celui de Notre-Dame, et l'obtinrent. Le tumulte qu'occasionnait le voisinage du Château-Trompette et la petitesse de la maison qu'occupaient les Religieuses de Notre-Dame, obligèrent la Fondatrice de chercher une autre demeure. Ayant trouvé dans la rue du Hâ des bâtimens commodes, elle les fit arranger pour pouvoir servir à sa Communauté. L'église fut construite par les libéralités de M. de Lancre. Tout étant suffisamment disposé, la Communauté fut transférée dans ce nouveau séjour. La réputation de cet Ordre naissant se répandit bientôt au loin. La Fondatrice fut obligée d'envoyer plusieurs de ses Religieuses dans différens endroits, où on leur procura des établissemens. Elle eut la satisfaction de voir, pendant sa vie, plus de trente Monastères de son Ordre, dont elle fonda plusieurs en personne.

La Mère de Lestonnac jouissait de sa gloire et du fruit de ses travaux, lorsque sa vertu fut mise à des épreuves plus rudes que toutes celles qu'elle avait subies jusqu'alors. Il y avait dans la Communauté de Notre-Dame une Fille hardie, artificieuse, intrigante, dévorée par l'ambition, d'un esprit borné et dont l'âme était aussi vile que sa naissance était obscure. La Fondatrice l'avait pénétrée dès l'instant qu'elle s'était présentée à elle. Comme elle avait extérieurement les marques d'une vocation décidée, elle n'avait pu s'empêcher de la recevoir au nombre de ses premières compagnes ; mais elle avait toujours évité de lui donner aucun emploi, persuadée qu'elle en était absolument incapable. Cette Fille regardait cette conduite de la Supérieure, à son égard, comme une injustice et un affront continuel qui l'avilissait aux yeux de ses compagnes. Rongée intérieurement par le chagrin et le dépit, elle n'osait néanmoins se plaindre ; mais elle n'en conservait pas moins le désir de se venger. Elle trouva dans le Directeur de la Communauté un ministre digne de servir sa passion. Cet ecclésiastique cachait sous l'extérieur le plus imposant une âme vile et des mœurs corrompues. Les méchans, ainsi que les bons, savent bientôt se connaître. Cette Religieuse forma la liaison la plus intime avec le Directeur, et n'ayant plus de secrets l'un pour l'autre, ils avisèrent de faire perdre à la Mère DE LESTONNAC la place de Supérieure, pour lui substituer celle qui en était si peu digne. Ce projet n'était pas d'une exécution facile; il fut amené de loin et conduit avec art. On commença par indisposer le Cardinal contre la Mère DE LESTONNAC. Les obstacles qu'elle avait autrefois formés à ses desseins n'avaient rien diminué de sa vénération pour elle, et il n'en parlait jamais qu'avec éloge. Le Directeur lui dit un jour que la Fondatrice de Notre-Dame sollicitait un bref de Rome pour se soustraire à sa juridiction. C'était prendre le Prélat par son faible. Excessivement jaloux de son autorité, il ne savait point pardonner à ceux qui entreprenaient d'y mettre des bornes. Quelque grossière que fût la calomnie, on sut y donner de telles apparences, que les explications qu'il eut avec la mère DE LESTONNAC ne purent les dissiper entièrement, et qu'il commença à lui témoigner une froideur qui dura le reste de ses jours. Le premier coup ayant réussi, il fut moins difficile de frapper les autres.

La Supérieure eut besoin de faire ouvrir une porte à son Monastère; elle crut qu'elle pouvait se dispenser d'en demander la permission au Cardinal. On la lui dénonça aussitôt, comme coupable d'un acte d'indépendance, qui prouvait tout ce qu'on avait avancé contre elle. Le Cardinal irrité se transporte à Notre-Dame, se fait conduire à la porte nouvellement ouverte, et ordonne que la Communauté s'y rassemble. « Pourquoi, dit-il alors, a-t-on ouvert cette por» te sans mon ordre? Je prétends qu'on la mure. » Il tance ensuite sévèrement la Supérieure, fait dresser un acte par lequel il déclare que cette porte ayant été ouverte sans sa permission, il veut qu'elle soit et demeure fermée à jamais. Il ordonne de plus que la présente déclaration sera insérée dans le livre des Règles, et lue tous les mois au réfectoire.

L'humiliation ne pouvait être plus sensible. La Mère DE LESTONNAC la souffrit sans dire un seul mot pour se justifier ou se plaindre. Elle souscrivit à sa condamnation, et prit le soin de faire exécuter à la lettre l'ordonnance de l'Archevêque. Jamais elle n'omit, pendant qu'elle était en place, de faire lire un acte qui lui était aussi injurieux, et elle l'écoutait avec plus de satisfaction que s'il eût contenu son éloge.

Les traits que l'on vient de raconter donnaient à la Religieuse Discole des avantages sur la Mère DE LESTONNAC, qu'elle sut mettre à profit. Ses intrigues furent conduites de manière qu'à la première élection d'une Supérieure, non seulement on ne continua point la Mère DE LESTONNAC, mais on la nomma elle-même pour remplir sa place. Il n'était point difficile de prévoir les suites d'une telle intrigue. La Fondatrice en gémit, mais sa soumission aux ordres de la Providence lui en fit adorer les profondeurs. Elle fut la première à rendre ses respects à la nouvelle Supérieure, à lui baiser la main suivant l'usage, et à donner à la Communauté l'exemple d'une soumission sans réserve. Cette Religieuse, qui se voyait au comble de ses vœux, se hâta bientôt de faire de son autorité l'usage que lui prescrivait une passion qui agissait avec d'autant plus d'impétuosité qu'elle avait été plus long-temps retenue. La Mère DE LESTONNAC devint l'unique but de ses traits. Peu satisfaite de lui parler avec hauteur et avec empire, elle y joignit le mépris et les insultes, sans lui donner le nom ni de Mère, ni de Sœur; elle ne l'appelait que *Jeanne*, comme si elle eût été une servante. Elle défendit qu'on eût aucune communication avec elle, sous prétexte qu'elle détournait les autres de leurs devoirs. Ayant trouvé un jour une Religieuse qui lui parlait: « *Baisez la terre,* dit-elle à la Mère DE LESTONNAC, *et retirez-vous dans votre chambre; je vous défends de parler à personne de la Communauté;* » et en même temps elle condamna la Religieuse à prendre la discipline. La Mère DE LESTONNAC fut donc réduite à n'avoir aucune société dans la Maison, à vivre comme étrangère parmi ses Filles, à garder un silence perpétuel et à ne parler que par gestes. Jamais la Supérieure ne lui communiqua aucune affaire, ne lui demanda un conseil et ne lui parla que pour la brusquer. Témoigner à la Fondatrice du respect et de la déférence, eût été un moyen sûr de s'attirer la haine de la Supérieure. Elle alla jusqu'à défendre qu'on l'approchât ou qu'on lui rendît le salut.

La Mère DE LESTONNAC n'opposait à une persécution si vive qu'une douceur et une tranquillité inaltérables. Un jour la Supérieure fit lire, au commencement du repas, un écrit qui contenait les prétendues fautes de la Fondatrice, accompagné des réflexions les plus mortifiantes. Dès que la Mère DE LESTONNAC s'entendit nommer, elle se leva et alla se mettre à genoux au milieu du réfectoire, les mains jointes, les yeux baissés, dans la posture d'une coupable. La Communauté frémissait d'un si sanglant outrage. L'innocente victime fut la seule qui ne fut point émue.

A la sortie du réfectoire, plusieurs Religieuses abordèrent la Mère DE LESTONNAC, les yeux baignés de larmes, avec toutes les marques de l'indignation et sans se mettre en peine de la présence de la Supérieure, qui venait de s'oublier d'une si étrange manière; elles lui témoignèrent leur sensibilité et leurs peines. La vertueuse Mère, qui les vit prêtes à éclater, leur remontra avec douceur qu'elles s'écartaient du devoir de l'obéissance; qu'il fallait recevoir sans murmurer les corrections les moins méritées, et que si elle était innocente des fautes qu'on venait de lui imputer, on la traiterait encore avec moins de douceur, si on la punissait de toutes celles dont elle se reconnaissait coupable.

Une scène si touchante aurait désarmé tout autre que l'implacable persécutrice; elle n'en fut que plus animée. Après avoir interdit à la Mère DE LESTONNAC tout commerce

dans l'intérieur de la Communauté, elle lui défendit d'écrire et de recevoir des lettres. On supprima toutes celles qui lui étaient adressées, ce qui causa une surprise universelle dans toutes les Maisons de l'Ordre, qui ne cessaient de la consulter sur des affaires qui, dans un Ordre naissant, devaient être fréquentes et quelquefois critiques.

Il était difficile qu'une Supérieure qui se livrait à des passions aussi déraisonnables conservât le bon ordre dans sa Communauté. Il cessa bientôt de régner dans celle de Notre-Dame. Le Cardinal entendit parler des abus qui s'y étaient introduits, et voulut en prendre une connaissance plus particulière. Pour cet effet, il s'adressa à la Fondatrice, qui composa, par son ordre, un Mémoire dans lequel elle représentait avec simplicité quels étaient les principaux objets qui avaient besoin de réforme, sans parler en aucune manière de ce qui la regardait elle-même. La Supérieure, intéressée à ce que cet écrit ne parvînt point à sa destination, trouva le secret de l'intercepter. Lorsqu'elle l'eut à sa disposition, elle en fit publiquement la lecture ; et traduisant la Mère DE LESTONNAC comme la délatrice de ses Sœurs, elle lui imposa une rude pénitence. Cette démarche était le comble de la malice et de l'impudence. La Mère DE LESTONNAC pouvait d'un seul mot couvrir son ennemie de confusion. Une lettre au Cardinal la perdait sans ressource, et il semblait même qu'elle ne pouvait se dispenser de l'écrire ; mais les voies des Saints ne sont pas celles des âmes ordinaires : la Fondatrice laissa triompher celle qu'elle pouvait confondre ; elle souffrit qu'on soulevât une grande partie de la Communauté, et le Cardinal, n'ayant pas reçu le Mémoire, crut que les bruits qui s'étaient répandus n'avaient aucun fondement légitime et ne songea plus à cette affaire.

La persécution suscitée à la Mère DE LESTONNAC paraissaît être portée à son dernier période. La Supérieure y ajouta un nouveau trait. Poussée par une fureur aveugle, elle forma le projet insensé de la chasser de l'Ordre; elle crut en avoir trouvé l'occasion dans la prévention qu'elle avait inspirée contre elle. Elle en conçut le dessein et osa l'annoncer à la Mère. L'ayant un jour rencontrée, après l'avoir accablée d'injures, à son ordinaire, elle finit par lui dire : « *Enfin, nous espérons obtenir un bref du Pape pour » vous ôter le voile que vous êtes si peu digne de porter, et » nous vous enverrons garder les troupeaux à Landiras.* » Ce projet si extravagant n'échoua que par l'impossibilité dans laquelle on se trouva de le réaliser.

Il y avait près de trois ans que la Mère DE LESTONNAC était dans une situation si violente, lorsque la Supérieure, voyant que le terme de sa dignité approchait, et qu'il était sans apparence qu'elle fût continuée dans sa place, non-seulement cessa de persécuter la Fondatrice, mais encore crut devoir réparer les fautes dont elle s'était rendue coupable à son égard.

Le jour de Saint-Etienne elle se jeta publiquement à ses pieds, lui demanda pardon, et, pour expier ses crimes, offrit toutes les satisfactions qu'elle voudrait exiger. Les Religieuses qui avaient été les ministres de sa passion firent la même démarche. La pieuse Mère les reçut comme des brebis égarées, et leur prodigua les marques d'une tendresse que leurs fautes n'avaient jamais pu diminuer. Le personnage qu'avait fait le Directeur fut mis à découvert; on sut qu'il avait été chassé de plusieurs Communautés où il avait semé la division; on lui ôta sa place. Ce malheureux ne pouvant plus soutenir la confusion et le mépris qu'il s'était attirés, quitta Bordeaux. On apprit, quelque temps après, qu'ayant voulu recommencer la même manœuvre dans une autre Communauté, Dieu permit qu'il se déshonorât par un crime infâme, qui, exposant au grand jour les noirceurs de son hypocrisie, le mit pour jamais hors d'état de nuire.

La Mère DE LESTONNAC passa le reste de sa vie à faire de nouvelles fondations et à les cimenter par la pratique des vertus les plus éminentes. Sa mort fut aussi édifiante que l'avait été sa vie; elle arriva le 2 février 1640, un moment après que la Communauté eut renouvelé ses vœux, suivant l'usage de l'Ordre; elle avait alors quatre-vingt-quatre ans. De grandes austérités, jointes à un tempérament délicat, ne l'avaient point empêchée de parvenir à un âge aussi avancé. On la laissa cinq jours sans sépulture, sans que son corps donnât le moindre signe de corruption. Son enterrement, vu le concours prodigieux et la majesté de la cérémonie, ressembla moins à une pompe funèbre qu'à un jour de triomphe. Les vicaires-généraux firent la cérémonie; la messe fut chantée en musique; on y prononça l'éloge de la défunte. L'orateur, après avoir raconté ses vertus, exhorta les Religieuses à demander sa béatification au Souverain Pontife. Toutes les voix retentissaient de la persuasion où l'on était que le Seigneur l'avait placée dans le séjour des Bienheureux. On fut obligé de distribuer, comme des reliques précieuses, tout ce qui avait servi à l'usage de la Fondatrice, et le bruit des miracles qu'on prétendit s'être opérés en divers lieux par son intercession, ne contribua pas peu à augmenter la réputation de sa sainteté, que le temps n'a point affaiblie.

DOCUMENS ET ACTES.

Relation du recouvrement et de la translation du corps de la vénérable Mère de Lestonnac, Marquise de Montferrand, Religieuse Fondatrice de l'Ordre de Notre-Dame.

Quarante ans après la mort de la vénérable Mère, en 1680, son tombeau fut ouvert, et son corps trouvé dans le même état où il était le jour de sa sépulture, sans la moindre altération. Les Religieuses, dont cet événement fortifia la vénération qu'elles avaient pour leur Fondatrice, de la sainteté de laquelle elles étaient entièrement convaincues, les porta à élever en son honneur un sépulcre distingué, porté sur quatre piliers et placé dans un des caveaux de la Maison, où son corps est demeuré entier et sans corruption jusqu'à l'époque où l'ordre fut dissous et les Religieuses forcées de quitter leur retraite.

Avant que la force armée ne les arrachât de leur saint asile, elles voulurent soustraire leur vénérable Mère Fondatrice à la rapacité de leurs persécuteurs ; elles la mirent en dépôt chez M. de Galathau, son parent.

M. de Galathau fut mis en arrestation ; les sentinelles qui le surveillèrent s'aperçurent qu'une caisse était cachée chez lui, avec ce titre : *Dépôt des Religieuses de Notre-Dame, rue du Hâ*. Elles furent dénoncer à la Commune cette découverte : on se rendit de suite chez M. de Galathau, et on transporta la caisse à la Maison Commune sous bonne escorte, conduite par un officier municipal, pour faire part de la découverte qui venait d'être faite chez le citoyen Galathau d'un squelette habillé en ci-devant costume religieux, comme dépôt des ci-devant Religieuses de Notre-Dame.

Cette grande affaire est renvoyée par le Président du Conseil au Comité de surveillance, le citoyen Galathau étant en arrestation.

Un grand débat s'agite : un squelette enterré depuis cent soixante-treize ans, en costume ci-devant religieux; un dépôt des ci-devant Religieuses, effraient les prétendus représentans du peuple; ils sont embarrassés de leur prise sacrilége; et pendant leur longue délibération, ils la laissent cinq jours, sans s'en douter, à la vénération publique. On court de toutes parts pour la proclamer Sainte; chacun veut des reliques; à peine lui laisse-t-on de quoi la couvrir; les méchans même y mènent leurs enfans pour voir la Sainte, à qui ils ne peuvent refuser leurs éloges.

Enfin, voulant se débarrasser du fardeau qui pèse à leur conscience, ils le relèguent à l'Arsenal, aujourd'hui la Morgue, et laissent là ce trésor, jusqu'à ce qu'un cheval mort trouvé dans les rues disputât cette vile demeure à une Fondatrice d'Ordre religieux.

Il fut décidé qu'on l'enterrerait dans un jardin appartenant à la Commune, et cela nuit close, pour ôter tout espoir à ses Filles de recouvrer leur précieux dépôt.

Vingt-huit ans s'écoulèrent sans que les Filles de cette vénérable Mère pussent se réunir en Communauté à Bordeaux. Les obstacles vaincus, leur premier soin se porta à la recherche de leur Mère. Elles demandèrent et obtinrent la permission nécessaire pour découvrir celle en qui elles fondaient tout le succès de leur réunion.

Des fouilles furent faites; elles parurent sans succès. Le zèle et la persévérance des bonnes Religieuses ne se fatiguèrent pas. Le peuple se rendit en foule pour assister à ces recherches, les uns comme témoins, disant avoir vu enterrer le dépôt, et désignant celui qui avait été chargé de cet honorable emploi (lequel, pour avoir des reliques, lui arracha, ainsi qu'il l'a déposé, le voile qui restait seul de son vestiaire), les autres publiant ses vertus et ses miracles.

Rien de plus édifiant que la conduite des Militaires; chacun offrait ses services aux deux Religieuses de Notre-Dame qui présidaient à la fouille, et disait qu'il donnerait de sa chétive solde pour qu'on trouvât la Sainte; tous les Officiers prodiguèrent leurs soins et leurs attentions à ces Dames, et elles en furent comblées pendant les dix jours que dura la fouille.

Enfin, les indications que l'on avait données furent confirmées; le cheval, moitié consumé, annonça que le dépôt n'était pas éloigné; mais, d'après ce qu'on voyait, on craignait que le temps n'eût réduit en poudre la vénérable Mère de Lestonnac, lorsqu'on l'aperçut en entier, placée comme dans une enveloppe de terre qui la dérobait encore aux yeux et à l'impatience des bonnes Religieuses. Elles avaient reçu des autorités l'invitation de les prévenir au moment où on découvrirait le dépôt. On se transporta de suite : médecin, chirurgien, commissaire de police, tous accoururent avec empressement; on vérifie, on prend des précautions pour retirer en entier celle que tous révèrent. Malgré toute l'attention possible, les travailleurs l'avaient beaucoup endommagée : il fallut bien de la peine pour retrouver les ossemens les plus importans; les autres furent brisés; le crâne est mutilé, mais tous les morceaux en sont recueillis. Un Prêtre étant arrivé, se met à genoux, prie le Dieu qui fait les Saints et invoque celle qu'on a lieu d'espérer que le chef de l'Église proclamera dans peu Bienheureuse. Le silence et le recueillement le plus profond régnaient parmi tous les spectateurs; l'attendrissement des bonnes Religieuses était au comble; les larmes de joie qu'elles répandaient annonçaient ce qui se passait dans leur cœur : on ne vit jamais rien de plus touchant.

Les Autorités civiles indiquèrent avec exactitude les précautions à prendre en pareille circonstance, et laissèrent au zèle du saint Prélat le soin de prescrire toutes les informations qu'il jugerait nécessaires pour s'assurer de l'identité des précieux restes de la vénérable Mère DE LESTONNAC.

Une Commission, digne par son choix de toute la confiance publique, fut formée; on reçut les dépositions d'un grand nombre de témoins qui, tous, assurèrent par serment l'identité, et par leurs expressions proclamèrent Sainte celle qui faisait l'objet de cette enquête. Monseigneur l'Archevêque, voulant compléter l'œuvre si heureusement commencée, convoqua à la Mairie M. le Comte de Breteuil, Préfet de la Gironde; M. le Vicomte de Gourgues, Maire de Bordeaux, toutes les Autorités, les membres de la Commission, deux Religieuses de Notre-Dame, deux membres de la famille de la vénérable Mère DE LESTONNAC. Cette nombreuse assemblée était présidée par Monseigneur l'Archevêque, accompagné de MM. Desèze et Barrès, Vicaires généraux.

L'identité des précieuses dépouilles de la vénérable Mère Jeanne DE LESTONNAC fut constatée; on les déposa dans le cercueil que ses pieuses Filles lui avaient préparé, et on y apposa les sceaux que l'ordonnance de Monseigneur l'Archevêque avait prescrits. Ce Prélat détacha une portion de ces précieux restes, qu'il donna à la Supérieure des Religieuses de Notre-Dame de Toulouse; celle-ci, appelée par ses Sœurs de Bordeaux, a concouru avec zèle à leur rétablissement et à la recherche de leur Mère commune.

Ordonnance de Monseigneur l'Archevêque de Bordeaux.

Nous Charles-François Daviau Dubois de Sanzay, par la grâce de Dieu et l'autorité du Saint Siége apostolique, Archevêque de Bordeaux, Pair de France, Commandeur de l'Ordre du Saint-Esprit,

Instruit de l'heureuse issue des recherches faites, sous notre autorisation, pour découvrir les précieux restes de la vénérable Mère Jeanne de Lestonnac, Fondatrice de l'Ordre des Religieuses de Notre-Dame, décédée à Bordeaux, sa patrie, le 2 février 1640;

Bénissant la divine Providence qui, après tant d'années de révolution et de malheur, a daigné nous rendre ces précieuses dépouilles, et n'a permis, en quelque sorte, toutes les chances de déplacement qu'elles ont suivi, que pour constater plus solennellement l'authenticité;

Voulant ne laisser aucun doute sur cette authenticité, tant pour la gloire de la Religion, que pour la satisfaction et la joie de la cité fidèle qui a été le berceau de cette pieuse Fondatrice et de son Ordre, et pour la consolation de cet Ordre religieux rétabli depuis peu dans nos murs, et répandu dans toute l'Europe catholique avec tant d'édification et d'avantage pour l'instruction de la jeunesse;

Après en avoir conféré avec M. le Préfet et nous être concerté avec lui pour que l'enquête d'authenticité soit faite avec toute l'indépendance et la publicité possible,

Nous avons ordonné et ordonnons ce qui suit :

Art. 1er.

Une Commission est formée pour constater, par toutes les voies d'enquête et d'information administratives, que les restes mortels exhumés d'un des jardins de la Mairie, et actuellement déposée à ladite Mairie, dans une bière et sous scellés de l'Autorité publique, sont véritablement les restes de Madame de Lestonnac, née à Bordeaux l'an 1556, mariée à Gaston de Montferrand, Marquis de Landiras, l'an 1573, veuve en 1597, Fondatrice de l'Ordre des Religieuses de Notre-Dame en 1607, décédée à Bordeaux dans son Couvent de Notre-Dame, rue du Hâ, le 2 février 1640, enterrée dans un caveau de la Chapelle dudit Couvent le 7 du même mois.

ART. 2.

A cet effet, la Commission constatera d'abord la sortie des précieux restes du Couvent de Notre-Dame en 1792 (il est plusieurs Religieuses et autres témoins vivans), les suivra dans leur transport chez M. de Galathau et leur remise à sa famille, dans l'enlèvement qui en fut fait en 1794 et leur transport à la Mairie (les procès-verbaux existent à la Mairie), dans la sépulture desdits restes dans un jardin dépendant de la Mairie (les témoins existent et sont nombreux); enfin, dans les recherches faites au mois de novembre de cette année, pour découvrir lesdits restes, et dans le résultat de ces recherches (ces deux objets sont établis par les procès-verbaux).

ART. 3.

La Commission fera constater par rapport de médecin et de chirurgien l'état actuel desdits restes, tels qu'ils ont été exhumés et sont déposés dans la bière scellée à la mairie; il sera fait mention exacte de tous les ossemens qui pourraient manquer.

ART. 4.

Après cette vérification et sur le rapport de la Commission, nous assisterons nous-mêmes au placement desdits restes dans la bière qui aura été préparée à cet effet; nous scellerons ladite bière de notre sceau et de celui de notre Archevêché, et il sera apposé en notre présence les sceaux de la Préfecture, de la Mairie et du Président de la Commission.

ART. 5.

Nous réglerons, par ordonnance ultérieure, le jour du transfert desdits restes dans le Couvent des Religieuses de Notre-Dame, l'ordre et les cérémonies de cette translation.

ART. 6.

Nous nommons pour composer la Commission d'enquête et de reconnaissance, MM. Desèze et Thierry, nos Vicaires généraux; Ferrand, Curé de Saint-Eloi, autorisé à se faire remplacer par un de ses Vicaires; de Saget, Avocat; de Barennes, Conseiller de Préfecture; Dufort, Membre du Conseil général du Département et Président de la Cour royale; de Ganduque, Adjoint à la Mairie; Archbold, Docteur-Médecin, Membre du Conseil municipal; Peyrelongue, Juge de Paix de l'arrondissement.

ART. 7.

Nous nommons Président de la Commission M. l'Abbé Desèze.

ART. 8.

Nous prions M. le maire de Bordeaux de vouloir bien autoriser la Commission à se réunir à la Mairie, et de lui faire fournir tous les procès-verbaux, pièces et documens nécessaires à ses opérations.

ART. 9.

Notre présente ordonnance sera transmise à M. le Préfet et à M. le Maire, et à chacun de MM. les Commissaires y dénommés.

Donné à Bordeaux, le 30 novembre 1822. Signé CHAR

LES-FRANÇOIS, Archevêque de Bordeaux. Pour copie conforme : les Vicaires généraux, P. BARRÈS, MOREL.

La Commission, pour constater l'identité, tint quatre séances, et entendit nombre de témoins, qui tous déposèrent sur l'identité des précieux restes, et plusieurs ne lui donnaient que le nom de la Sainte.

Aujourd'hui vingt-un décembre 1822, nous Charles-François Daviau Dubois de Sanzay, Archevêque de Bordeaux, Pair de France, Commandeur de l'Ordre du Saint-Esprit, nous sommes transporté, assisté de MM. Desèze, premier Vicaire général, et de Barrès, second Vicaire général, à l'Hôtel de la Mairie de Bordeaux, pour apposer notre sceau sur la caisse dans laquelle sont contenus les ossemens de la Vénérable Mère de Lestonnac, morte en opinion de sainteté.

Et dans le cabinet de M. le Maire a été exhibé une caisse scellée de six cachets apposés par M. Desèze, Président de la Commission d'enquête que nous avions nommée, et en notre présence, il a reconnu que les sceaux étaient dans la plus parfaite intégrité, la caisse entièrement fermée d'une fermeture sur laquelle était apposée une bande de papier scellée des six cachets susdits; et en notre présence il a été par notre ordre, en présence desdits Grands-Vicaires, de M. le Comte de Breteuil, Préfet de la Gironde, de M. le Vicomte de Gourgues, Maire de la ville de Bordeaux, et de la Commission d'enquête que nous avions précédemment nommée, procédé à l'ouverture de ladite caisse. Cette opération faite, il nous a été donné lecture par M. Archbold, l'un des membres de la Commission, du procès-verbal dressé par les médecin et chirurgien qu'elle avait nommés ; après quoi nous avons ordonné que ladite caisse serait en notre présence refermée, afin que nous eussions à y apposer notre sceau jusqu'au jour que nous fixerions pour la translation desdits ossemens en lieu saint. Et avant que nos ordres fussent exécutés, Madame Marie-Thérèse-Antoinette Couret-Duterrail, Supérieure des Religieures filles de Notre-Dame de Toulouse, actuellement à Bordeaux, par permission de Monseigneur l'Archevêque de Toulouse, à l'effet d'y fonder la Maison de son Ordre, s'est adressée à nous pour obtenir, pour la Maison de Toulouse, des ossemens de la vénérable Mère de Lestonnac, Fondatrice de son Ordre; sur quoi voulant favoriser la Maison de Toulouse dans une chose qui a pour but l'honneur et le bien de la Religion, nous avons permis à ladite dame Duterrail de prendre dans ladite caisse un fragment du pariétal gauche, une vertèbre dorsale, un innominé tronqué, lesquels trois ossemens ont été, en notre présence, déposés dans une boîte longue, entourée d'une bande de ruban, de fil, scellée de notre sceau en quatre endroits, dont nous expédierons une empreinte que nous délivrerons avec le procès-verbal à ladite dame Duterrail, afin qu'elle fasse régulièrement procéder à Toulouse à la constatation et reconnaissance de l'identité. En ces mêmes momens, la même demande nous a été faite par Mademoiselle Vincentine-Eulalie de Lévis de Mirepoix et Mademoiselle Marie-Rosalie de Noaillan, auxquelles, attendu leur descendance directe de la vénérable Mère de Lestonnac, nous avons octroyé, savoir, à Mademoiselle de Lévis de Mirepoix, un fragment de côté, et à Mademoiselle de Noaillan un fragment d'innominé, lesquels ossemens ont été déposés dans une enveloppe de papier également scellée de notre sceau et contresignée de notre main.

Ces opérations terminées, les ossemens ont été, par notre ordre et en notre présence, sortis de la caisse dans laquelle ils étaient déposés, et placés dans une caisse fermant à clé, en forme de cercueil, sur laquelle, après l'avoir fermée, nous avons fait apposer treize bandes de ruban de fil, qui ferment complètement ladite caisse, et dont l'une est apposée sur la serrure; lesdits rubans de fil scellés en cire rouge par vingt-six cachets, aux armes de Monseigneur l'Archevêque, les autres de la Mairie, les autres de la Préfecture et du Président de la Commission; ladite caisse est de deux pieds onze pouces de longeur, de sept pouces et demi de hauteur, recouverte en toile blanche, tenant avec de petits clous jaunes à tête ronde; la clé de ladite caisse, dont la serrure est scellée, reste entre mes mains.

Et avant de terminer l'opération, par la demande de Madame Duterrail, M. le Préfet, M. le Maire, ont recouvert de leurs sceaux la boîte dans laquelle elle a renfermé les ossemens que nous lui avons accordés, ce dont nous lui octroyons acte pour servir en cas de besoin. † CHARLES-FRANÇOIS, Archevêque de Bordeaux; Comte DE BRETEUIL; le Vicomte DE GOURGUES; DESÈZE, Président de la Commission; VINCENT VLECHMANS, Chanoine; GANDUQUE; DUFORT; ARCHBOLD; BARENNEY; LUPELONGUE; LOSSE; SAGET; DUTERRAIL, Religieuse; BRUNCAN, Religieuse; VINCENTINE DE LÉVIS DE MIREPOIX; ROSALIE DE NOAILLAN.

NOUS CHARLES-FRANÇOIS DAVIAU DUBOIS DE SANZAY, par la grâce de Dieu et l'autorité du Saint-Siége apostolique, Archevêque de Bordeaux, Pair de France, Commandeur de l'Ordre du Saint-Esprit; d'après la reconnaissance et l'examen préalable faits par nos trois Vicaires-généraux et sur leur rapport,

Attestons et certifions que le présent dossier, contenant,

1° La demande en autorisation de recherche des précieux restes de la vénérable Mère de Lestonnac, adressée à M. le Maire de Bordeaux, le 1er novembre 1822;

2° L'autorisation de M. le Maire, du 11 novembre même année;

3° Le procès-verbal des fouilles et recherches desdits restes et de leur découverte présumée ;

4° Le procès-verbal de toutes les opérations de la Commission d'enquête instituée par notre ordonnance du 30 novembre 1822, à l'effet de constater que les restes mortels exhumés dans un jardin de la Mairie et actuellement placés dans une bière, sous le scellé de l'Autorité publique, sont véritablement ceux de Madame de Lestonnac, née à Bordeaux en 1556, mariée à Gaston de Montferrand, Marquis de Landiras, en 1573, veuve en 1597, Fondatrice de l'Ordre des Religieuses de Notre-Dame en 1607, décédée en opinion de sainteté dans son Couvent de Notre-Dame, rue du Hâ, le 2 février 1640, et enterrée dans son Couvent le 7 du même mois,

Est littéralement et figurativement même conforme dans toutes les parties au dossier-minute de tous les actes relatifs à la recherche, découverte, exhumation, reconnaissance et authenticité des précieux restes de la vénérable Mère de Lestonnac, Fondatrice de l'Ordre religieux des Filles de Notre-Dame, décédée à Bordeaux, en odeur de sainteté, le 2 février 1640 ; ledit dossier-minute déposé aux archives de notre Secrétariat. En foi de quoi avons signé. A Bordeaux, le dix-sept juin 1826.

† CHARLES-FRANÇOIS, *Archevêque de Bordeaux.*

Ordonnance de Monseigneur l'Archevêque de Bordeaux.

Nous CHARLES-FRANÇOIS DAVIAU DUBOIS DE SANZAY, par la grâce de Dieu et l'autorité du Saint-Siége apostolique, Archevêque de Bordeaux, Pair de France, Commandeur de l'Ordre du Saint-Esprit,

Avons ordonné et ordonnons ce qui suit :

ART. 1er.

Les précieux Restes de la vénérable Mère de Lestonnac, Fondatrice des Religieuses de Notre-Dame, seront portés dans le nouveau Caveau de l'Ordre, samedi vingt-huit décembre.

ART. 2.

Nous assisterons aux cérémonies funèbres de ce religieux transport.

ART. 3.

Nous invitons tout le Clergé de nos paroisses de Bordeaux, des Hôpitaux et Communautés religieuses à y assister, au moins par députation.

Les paroisses s'y rendront avec leur croix, deux chantres et deux enfans de chœur, au moins, et se réuniront dans l'Eglise de Saint-Éloi.

ART. 4.

Il sera donné avis et Communication de cette cérémonie aux différentes Autorités constituées.

Nous invitons l'Association des Dames de la Mission et les Communautés des Filles non cloîtrées à y assister par députation.

ART. 5.

La cérémonie de transport aura lieu à onze heures précises. On se réunira à cet effet à l'Hôtel-de-Ville, à dix heures trois quarts. Le Clergé de Saint-Éloi fera l'enlèvement des précieux Restes.

ART. 6.

Les précieux Restes seront portés par les Dames Religieuses; quatre Dames, appartenant à la famille de la vénérable Mère de Lestonnac, porteront les glands du drap mortuaire.

Art. 7.

Les précieux Restes suivront immédiatement le Clergé ; ils seront suivis des parens et des fonctionnaires publics présens et de la Commission d'enquête.

Art. 8.

Le cortége suivra les Fossés, la rue du Hâ, la rue Bouffard, place Dauphine, et rue du Palais-Galien.

Art. 9.

Le Clergé de chaque Paroisse traversée par le cortége viendra recevoir les Restes à l'entrée de son territoire; MM. les Curés prendront place près de nous.

Art. 10.

Les Restes seront présentés à l'Église métropolitaine et reçus par notre Chapitre.

Art. 11.

On chantera, pendant le transport, le cantique des inhumations *Benedictus Dominus Deus Israel*, *miserere*.

Art. 12.

Les précieux Restes seront déposés par nous dans le lieu du nouveau Couvent à ce destiné; une absoute solennelle sera faite.

Art. 13.

Nous nommons pour Maître des cérémonies générales M. l'abbé Levêque, Vicaire de Saint-Eloi.

Donné à Bordeaux, le vingt-six décembre 1822.

Signé ✝ Charles-François, Archevêque de Bordeaux.

Pour copie conforme :

Les Vicaires-généraux, Barrès, Morel.

Le 28 décembre 1822, jour indiqué pour la translation de la respectable dépouille, tout le Clergé de la ville, plusieurs Membres des Communautés non cloîtrées, auxquels se joignirent les Autorités civiles et les personnes les plus distinguées de la ville, se rendirent à la Maison commune, sur l'invitation de Monseigneur l'Archevêque de Bordeaux; huit Religieuses de l'Ordre de Notre-Dame s'y trouvèrent aussi pour avoir l'honneur de porter le corps de leur vénérable Fondatrice; une immense population y accourut également.

Au moment du départ, M. le Curé de Saint-Eloi (dans la paroisse duquel la Vénérable avait été trouvée) fit les cérémonies religieuses d'usage. Le cortége se mit en marche vers la Métropole; le Clergé précédait, ayant en tête les croix des douze Paroisses de la ville; les personnes invitées suivaient le cercueil, qui était entouré de huit Religieuses, dont quatre le portaient alternativement; les autres portaient des cierges; quatre demoiselles, de la famille de Madame DE LESTONNAC, tenaient les glands.

Le *Benedictus* fut chanté dans toute la route. Lorsque le cortége arriva à la porte de l'église, le vénérable Prélat, qui l'y attendait, apercevant le cercueil, le bénit, leva les yeux au ciel, et sembla plutôt invoquer celle qui y était renfermée que prier Dieu pour elle. Il l'accompagna jusqu'au milieu de l'église, où il fut placé sur un catafalque préparé à cet effet. Les prières d'usage étant terminées, on reprit la marche dans le même ordre; le digne Prélat se joignit à son Clergé jusqu'à la nouvelle Communauté. Le peuple avait toujours suivi, dans le même recueillement, le silence n'étant interrompu que par ces mots: « On porte une Sainte. »

Quand le cortége arriva à la porte du Couvent, où des gardes à cheval étaient placés pour écarter la foule qui voulait entrer, il fallut donner l'espoir au peuple qu'il contenterait sa dévotion lorsque le Clergé et les personnes invitées seraient sorties. L'entrée et le cloître étaient tapissés en blanc, avec des chiffres de l'Ordre, de distance en distance, sur couleur bleue, symbole de l'innocence et de la fidélité à la Grâce, vertus qui furent toujours reconnues dans celle qui faisait le sujet de la solennité.

Son précieux corps fut mis dans un lieu préparé au milieu de la Chapelle, et Monseigneur fit les aspersions et les prières accoutumées.

Le Clergé s'étant retiré, fit place au peuple, impatient de faire toucher des chapelets, des croix, des médailles et autres objets précieux, tant le récit de sa vie donnait la confiance qu'elle jouissait de la gloire. Ce concours dura quatre ou cinq jours; il eût été d'une plus longue durée, si la régularité de la clôture l'eût permis.

Ses pieuses Filles l'ont placée dans leur sacristie, où elles ont la consolation d'aller puiser dans le souvenir de sa sainte vie, et dans les grands exemples qu'elle leur a donnés, les vertus propres de leur état, en attendant le bonheur, dont elles conservent l'espérance, de pouvoir la revoir un jour sur les saints Autels.

P. Barrès, Morel, Vicaires-généraux.

Ordonnance de Monseigneur l'archevêque de Bordeaux, enregistrée sous le n. 67.

Nous Charles-François Daviau Dubois de Sanzay, par la grâce de Dieu et l'autorité du Saint-Siége apostolique, Archevêque de Bordeaux, Pair de France, Commandeur de l'Ordre du Saint-Esprit;

D'après le vœu général qui nous a été exprimé, tant par le vénérable Clergé de notre Diocèse, et les diverses Autorités constituées de la ville de Bordeaux, que par les Fidèles de toutes les classes et de tous les états, pour qu'il soit donné suite auprès du Saint-Siége à l'opinion générale de sainteté qui a toujours accompagné, et qui accompagne encore la mémoire, le nom, la vie et la mort de la vénérable Mère de Lestonnac;

Vu les réglemens de la sainte Église Romaine, à cet égard, et notamment le décret de notre Saint Père le Pape Urbain VIII, et l'ouvrage de notre Saint Père le Pape Benoît XIV, *De Servorum Dei Beatificatione et Beatorum Canonisatione*, l. II, ch. 1, 2, 4, portant qu'avant tout il sera instruit, par les soins de l'Ordinaire, deux procès, l'un sur le bruit général de sainteté et de miracles attribués à la personne dont on veut réclamer la béatification, l'autre sur le *non-culte*, constatant par sentence qu'il n'a point été rendu de culte public au mort proposé;

Empressé de déférer à un vœu aussi honorable pour celle qui en est l'objet, que glorieux et flatteur pour notre Diocèse et la ville de Bordeaux, mais non moins jaloux de faire observer dans toute leur étendue les règles de prudence, de précaution et de sagesse posées par l'Église pour procéder à la reconnaissance de ceux de ses enfans que de hautes vertus ont recommandés à la vénération publique,

Nous avons ordonné et ordonnons:

ART. 1er.

Le double procès à instruire dans la cause de la vénérable Mère de Lestonnac est confié à une Commission nommée par nous.

ART. 2.

Nous nommons pour composer cette commission,

1o Dans l'ordre ecclésiastique, MM. Morel, Vicaire-général, Président; Goudelin, Losse, Chanoines; Namin, Curé de Notre-Dame; Toucas de Poyen, Curé de Saint-Pierre.

2° Dans l'ordre laïque, MM. de Saget, Président de la première chambre de la Cour royale; Ravez, Substitut du Procureur-général; Devaux, Avocat, Adjoint à la Mairie; le Chevalier de Gombault, Colonel en retraite; Archbold, Docteur en Médecine, Membre du Conseil municipal.

La Commission nommera son Secrétaire, et pourra déléguer ses pouvoirs pour les informations partielles qu'elle jugera convenables.

Art. 3.

Les deux procès seront instruits séparément; mais les mêmes témoins pourront être entendus pour l'un et pour l'autre.

Art. 4.

Dans le premier procès on s'attachera à faire connaître l'opinion publique sur Madame de Lestonnac pendant sa vie et depuis sa mort jusqu'à ce jour, les vertus héroïques qu'elle a pratiquées, les guérisons ou autres choses extraordinaires qui lui sont attribuées.

Dans le second, on pourra citer les témoignages de respect religieux que la piété et la confiance ont pu lui déférer, en établissant tout ce qui les a séparés du culte de l'invocation publique.

Art. 5.

Il sera statué ultérieurement sur le mode de communication et de remise du travail de notre Commission.

Ampliation de la présente ordonnance sera transmise à chacun des Membres de ladite Commission.

Donné à Bordeaux, le 20 juin 1826.

Pour Monseigneur l'Archevêque malade :

Ses Vicaires généraux, Barrès, Morel.

Par mandement : Gignoux, Chanoine honoraire.

Le 27 juin 1826, la Commission nommée par Monseigneur l'Archevêque de Bordeaux se réunit, et après avoir, dans plusieurs séances, reçu les dépositions de quarante-trois témoins, pensa que les déclarations reçues étaient suffisantes, a clos le procès, et en a déposé au secrétariat de l'Archevêché les pièces, le 8 juillet 1826.

Le 29 juin 1826, après la clôture du premier procès, la Commission s'est occupée du second procès, commencé le 30 juin. Les dépositions de quarante-quatre témoins ont été reçues dans plusieurs séances ; et attendu que le nombre et la qualité des personnes qui ont déposé paraît suffisant, la Commission a clos ses séances et s'est séparée, après que chacun des membres a eu signé.

MOREL, Vicaire-général, président; LOSSE, GOUDELIN, DE SAGET, ARCHBOLD, docteur-médecin ; NAMIN, DEVAUX, TOUCAS DE POYEN ; AUGUSTE RAVEZ, secrétaire.

Pour copie conforme du procès-verbal minute déposé par nous aux archives de l'Archevêché.

Bordeaux, le 8 juillet 1826.

MOREL, Vicaire-général, président.

Lettre de Monseigneur l'Archevêque de Bordeaux à S. S. Léon XII, pour lui demander la béatification de la vénérable Jeanne de Lestonnac.

Très-Saint-Père,

De toutes les consolations que la divine Providence a daigné répandre sur ma longue carrière, et daigne me réserver encore sur mon lit de douleur, la plus douce sans doute est de me présenter avec respect devant la chaire de Pierre, d'y baiser humblement les pieds et les mains sacrées de Votre Béatitude, et d'y déposer avec l'hommage inviolable de ma vénération, le tribut mérité de ma reconnaisance et un dernier vœu bien cher à mon cœur. Oui, Très-Saint Père, tout me presse d'abord de rendre de justes actions de grâces à Votre Sainteté pour les jours de salut et de miséricorde qu'elle a voulu donner à tous ses enfans. Ce précieux Jubilé vient d'être spécialement pour la ville de Bordeaux une source abondante de bénédictions. Mes entrailles, hélas! étaient déchirées à la vue des besoins du nombreux troupeau confié à ma charge; Votre Sainteté a daigné secourir notre extrême faiblesse; dans la plénitude de la puissance apostolique, elle a ouvert les riches trésors de la Sainte Église en nous invitant à y puiser. Oh! puisse le Père des miséricordes et le Dieu de toute consolation, en récompense de cette sollicitude toute paternelle que vous nous portez, accorder à Votre Sainteté un règne long et heureux.!

Pour moi, je puis désormais quitter la terre d'exil, et dire comme le vieillard Siméon : *Nunc dimittis servum tuum, Domine, in pace, quia viderunt oculi mei salutare tuum.*

Il ne me reste qu'un vœu à former, Très-Saint Père, c'est de voir favorablement accueillir par le Vicaire de J.-C. la cause que je viens de placer entre ses mains. J'ose solliciter le zèle admirable que Votre Béatitude ne cesse de montrer pour l'exaltation de notre Sainte Église, l'insigne faveur d'ajouter au nombre des *Femmes fortes* et des *Servantes fidèles*, et d'inscrire, sur les fastes des Bienheureux, Jeanne de Lestonnac, Fondatrice des Religieuses dites de Notre-Dame. Certes, s'il fut toujours bon et avantageux que ces âmes généreuses qui ont servi Dieu saintement dans le cours de leur vie, fussent élevées à l'honneur des saints Autels par l'autorité publique de l'Église, c'est sans contredit dans ces temps malheureux qu'il est devenu comme nécessaire, parce que *l'iniquité étant sans bornes*, la charité de plusieurs, et presque de tous, s'est grandement refroidie. Si le nombre des Saints, suivant le Prophète, diminue tous les jours sur cette terre d'oubli, l'intérêt de la foi ne demande-t-il pas que ces Chrétiens qui vécurent jadis dans la sainteté et dans la justice reparaissent aujourd'hui comme un exemple vivant, proposé non seulement à l'admiration et à l'imitation des Fidèles, mais encore à leur pieuse invocation.

C'est donc, Très-Saint Père, au nom d'un Ordre illustre, loué et célébré par deux grands Cardinaux, Bellarmin et Baronius, approuvé et confirmé par l'immortel Paul V, que je supplie et conjure votre paternité d'ordonner qu'on procède à l'examen des vertus éclatantes et des miracles signalés de la digne Fondatrice Jeanne de Lestonnac. Paul V, en donnant à cet Ordre naissant son approbation apostolique, disait : « Je mourrai content; j'ai établi un Ordre de Religieuses » dont la fin est d'entretenir dans l'Église la pureté de la » foi, l'intégrité des mœurs, et qui n'a d'autre but que de » procurer la gloire de Dieu et le salut des âmes. » Puisse bientôt Léon XII combler de bonheur cet Ordre renversé par la main d'une révolution impie, mais rendu aujourd'hui à son premier éclat, en lui donnant à la fois pour protectrice dans le Ciel comme pour modèle sur la terre, la vénérable Mère qui en jeta les fondemens !

Au nom de ce vaste Diocèse, tout rempli encore du bruit des vertus et des prodiges de la vie et de la mort de la vénérable Jeanne de Lestonnac ;

Au nom d'une partie de l'Église si chère à votre cœur paternel, cette France à laquelle vous ne sauriez mieux prouver votre tendre affection, qu'en plaçant sur les autels une femme généreuse qui lui dut le jour, et en offrant ainsi à sa vénération un de ses enfans inscrit par vos mains au nombre des Bienheureux ;

Au nom enfin de notre sainte Église, heureuse de voir sanctifier les mérites d'une Servante fidèle, souffrez, Très-Saint Père, que, prosterné à vos pieds, je vous prie instamment d'exaucer nos désirs et de bénir ces derniers efforts de mon zèle sur mon cher troupeau, et d'agréer encore l'expression sincère du respect profond, de l'inaltérable soumission et fidélité avec lesquels,

J'ai l'honneur d'être,

Très-Saint-Père,

De Votre Sainteté,

Le très-humble, très-obéissant et très-dévot fils,

† Ch.-François, Archevêque de Bordeaux.

Bordeaux, 9 juillet 1826.

Nous Charles-François Daviau Dubois de Sanzay, par la grâce de Dieu et l'autorité du Saint-Siége apostolique, Archevêque de Bordeaux, Pair de France, Commandeur de l'Ordre du Saint-Esprit;

D'après notre humble et respectueuse supplique, présentée à notre Saint Père le Pape Léon XII, en demande d'instruction canonique pour procéder, s'il y a lieu, à la béatification de la vénérable Mère Jeanne de Lestonnac, Fondatrice de l'Ordre religieux des Filles de Notre-Dame, et décédée à Bordeaux, en odeur de sainteté, le 2 février 1640;

Procédant conformément à la marche tracée par l'illustre et saint Pape Benoît XIV, dans son célèbre ouvrage *De Beatificatione Servorum Dei*, etc.;

Vu notre ordonnance du 20 juin dernier, confiant à une Commission nommée par nous l'instruction du double procès qui doit précéder avant tout l'instruction juridique ordonnée par le Saint-Siége, savoir, l'un pour constater l'opinion générale de sainteté et de miracles, attribués à la personne dont la béatification est demandée, l'autre sur le *non-culte*, établissant par sentence qu'il n'a pas été rendu de culte public au mort proposé;

Vu le double rapport de notre Commission, aussi propre à inspirer la confiance, par les soins qu'elle a donnés à ces travaux, que par le nom, le rang et les hautes fonctions de ceux qui l'ont composée ;

Attendu qu'il résulte des dépositions entendues, dépositions dont on a été obligé de restreindre le nombre, et qui, prises dans toutes les classes et dans tous les âges, éloignent pleinement toute idée de collusion et de faveur,

1° Qu'une opinion publique et générale de pratique des vertus les plus héroïques, et d'une grande perfection chrétienne, justifiée par la plus honorable tradition, beaucoup de faits extraordinaires, a toujours accompagné, et accompagne peut-être plus vivement encore la mémoire, le nom, la vie et la mort de la vénérable Mère de Lestonnac ;

2° Que quelque générale et profonde qu'ait été cette opinion, elle n'a jamais été portée à décerner aucun culte ni invocation publique à la Mère de Lestonnac, et que la confiance en sa protection auprès de Dieu n'a jamais été que le résultat de la piété ou de la conviction individuelle ;

1° Nous adoptons, approuvons et confirmons le rapport de notre Commission sur l'opinion publique de sainteté attaché au nom de la Mère de Lestonnac, et déclarons ce rapport digne de notre confiance ;

2° Prononçant canoniquement sur le *non-culte*, nous jugeons et déclarons constant, avéré et certain, qu'il n'a jamais été rendu de culte public à Jeanne de Lestonnac, Fondatrice et première Supérieure de l'Ordre des Filles de Notre-Dame, approuvé par notre Saint Père le Pape Paul V, ni dans le Monastère chef-lieu, ni dans aucune Église, Chapelle ou Oratoire de notre Diocèse.

Donné à Bordeaux par Nous, le huit juillet 1826, et transmis pour l'exécution à nos Vicaires généraux : Barrès, Vicaire-général ; Morel, Vicaire-général ; Carbon, Vicaire-général, Supérieur du Séminaire.

Lettre écrite au Saint Père, au nom de toutes les Religieuses Filles de Notre-Dame.

J. M. J.

Très-Saint-Père,

Prosternées très-humblement aux pieds de Votre Sainteté, les Religieuses Filles de Notre-Dame oseront-elles mêler leurs vœux et leurs prières à celles du saint et respectable Pasteur que le ciel vient de ravir à la terre (Monseigneur l'Archevêque de Bordeaux), de qui la main tremblante a tracé, comme son dernier testament, le plus ardent de ses vœux, en sollicitant la béatification de la V. M. Jeanne de Lestonnac.

Filles d'une telle Mère, sauvées des longs malheurs de la Révolution, nous sommes consolées par le retour de notre saint Ordre, la reprise de notre saint habit et la clôture, et surtout le recouvrement comme miraculeux des précieux Restes de notre V. M. Quel serait aujourd'hui leur bonheur, si Votre Sainteté daignait accueillir leur très-humble demande, et jeter un regard favorable sur les vertus éclatantes et les faits miraculeux de Jeanne de Lestonnac; si elle plaçait sur nos Autels et permettait d'honorer d'un culte public celle que la reconnaissance de tout notre saint Ordre n'a cessé de révérer en secret!

Il y a deux siècles que cette digne Fondatrice n'est plus, et le souvenir de ses vertus a survécu, non seulement dans son Ordre, mais encore s'est fortifié parmi les fidèles, comme l'histoire de sa vie écrite en différens temps l'atteste à la postérité. Ni le renversement des Maisons religieuses, ni la dispersion des Filles de Notre-Dame, ni la persécution, ni l'exil, ni la mort sur l'échafaud de certaines d'elles, n'a pu ébranler leur foi, ni leur fidélité à la chaire de Pierre;

pas une d'elles n'a oublié les leçons que leur a tracées leur V. M. Très-Saint Père, tout nous flatte de la douce espérance que Votre Sainteté voudra bien ouvrir ses yeux et son cœur sur nos besoins et nos désirs les plus empressés; qu'elle daignera donner à un Ordre reconnaissant, comme à la France entière, pour modèle et pour protectrice, celle qui toute sa vie ne travailla que pour la gloire de Dieu et le salut des âmes rachetées par le sang de J.-C.

Notre reconnaissance égalera notre félicité au pied même de l'Autel que Votre Béatitude aura permis d'élever à la gloire de leur Mère; les Filles de Notre-Dame seraient heureuses de multiplier chaque jour les prières et les vœux qu'elles ne cessent de faire pour la prolongation du règne immortel de Léon XII.

Nous avons l'honneur d'être,

Très-Saint Père,

De Votre Sainteté,

Les très-humbles, très-obéissantes et dévotes Filles, toutes les Religieuses de l'Ordre des Filles de Notre-Dame, représentées par Thérèse Duterrail, Supérieure de la Maison de Toulouse, et par Cyrille de Bruncan, Supérieure de la Maison de Bordeaux, chargées par tout l'Ordre de poursuivre la cause de la V. M. Jeanne de Lestonnac, leur Fondatrice.

Bordeaux, le 12 juillet 1826.

Lettre de Monseigneur l'archevêque de Bordeaux.

Très-Saint-Père,

Appelé à remplacer, sur le Siége archiépiscopal de Bordeaux, un Prélat que ses vertus avaient rendu illustre dans toute l'Église, je dois regarder comme une obligation sacrée d'employer tous mes soins à soutenir le bien qu'il a opéré, et à procurer l'accomplissement de celui qu'il n'avait pu qu'entreprendre.

Je remplis ce devoir en venant renouveler, aux pieds de Votre Sainteté, le vœu déjà exprimé par mon saint Prédécesseur pour la Béatification de la vénérable Mère Jeanne de Lestonnac, Fondatrice et première Supérieure des Filles de Notre-Dame.

Le respect universel et l'opinion générale de sainteté qui se rattache à la mémoire de cette illustre Servante de J.-C., suffirait pour justifier, auprès de Votre Sainteté, ma respectueuse démarche; mais un motif plus particulier lui sert d'excuse : c'est dans mon Diocèse que la vénérable Mère de Lestonnac a pris naissance, et qu'elle a jeté le fondement de l'Ordre des Religieuses de Notre-Dame, lequel, après avoir répandu dans l'Église la bonne odeur de J.-C., a été jugé digne d'obtenir l'approbation pontificale, qui lui a été accordée par le saint Pape Paul V, d'immortelle mémoire. C'est donc pour moi une obligation spéciale et bien précieuse de solliciter, auprès de Votre Sainteté, la Béatification de cette vénérable Mère, illustrée pendant sa vie et après sa mort par tant de vertus et de prodiges, dont la gloire rejaillit sur ce Diocèse.

J'ose espérer, Très-Saint Père, que Votre Sainteté daignera accueillir favorablement mon humble et respectueuse prière, accompagnée des sentimens de soumission filiale et de vénération profonde avec lesquels j'ai l'honneur d'être,

Très-Saint Père,

De Votre Sainteté,

Le très-humble, très-obéissant et très-dévot fils,

† Jean, Archevêque de Bordeaux.

Bordeaux, 28 janvier 1827.

Anne-Antoine-Jules de Clermont-Tonnerre, Cardinal-Prêtre de la Sainte Eglise Romaine, du titre de la Trinité-du-Mont, par la miséricorde de Dieu et l'autorité du Saint Siége Apostolique, Archevêque de Toulouse et de Narbonne, Primat des Gaules, Docteur de Sorbonne, Abbé Commandataire de la Basilique de Saint-Sébastien hors des murs de Rome, Duc et Pair de France, Commandeur de l'Ordre royal du Saint-Esprit, etc., etc.;

Vu le Mémoire pour servir à l'instruction du procès tendant à obtenir la Béatification de la Vénérable Mère de Lestonnac, déclarons et certifions que tous les faits qui y sont contenus nous ont été attestés par feu Monseigneur Charles-François Daviau, Archevêque de Bordeaux, de glorieuse mémoire, lequel nous a recommandé, dans ses derniers momens, de faire tout ce qui dépendrait de nous, non seulement pour rendre publique la vie sainte et édifiante de Jeanne de Lestonnac, Fondatrice de l'Ordre des Religieuses dites Filles de Notre-Dame, et pour propager la connaissance des grâces particulières que le Seigneur a daigné lui accorder pendant sa vie et après sa mort, par le don des miracles opérés par son intercession et relatés dans ce Mémoire, mais encore pour solliciter de la grâce du Saint Siége sa béatification, en vertu du procès dressé par ses ordres et revêtu de la signature du vénérable Archevêque défunt;

Vu les pieuses et instantes prières de la Révérende Mère Duterrail, Supérieure de la Communauté des Filles Religieuses de Notre-Dame de Toulouse, en faveur de leur bienheureuse Mère Jeanne de Lestonnac, Fondatrice de leur Ordre, nous nous prosternons humblement avec elle aux pieds de Sa Sainteté Léon XII, pour ordonner qu'il soit procédé à la béatification de ladite Jeanne de Lestonnac, morte en opinion de sainteté.

Et conformément à leurs désirs, nous prions nos dignes

et vénérables confrères, Archevêques et Evêques de l'Église de France, de joindre leurs vœux aux nôtres.

Donné à Paris, où nous avons été appelé par le Roi pour la session des Chambres, sous notre seing et le sceau de nos armes.

† A. J., Cardinal DE CLERMONT-TONNERRE,
Archevêque de Toulouse et de Narbonne.

HYACINTHE--LOUIS DE QUÉLEN, par la miséricorde divine et la grâce du Saint-Siége Apostolique, Archevêque de Paris, Pair de France, etc.

Le respect et la vénération dont nous faisons profession pour les éminentes vertus de feu Monseigneur Charles-François Daviau Dubois de Sanzay, Archevêque de Bordeaux; la haute opinion de sainteté qui s'est attachée à sa personne et à sa mémoire, soit dans son Diocèse, soit parmi le Clergé français, nous font regarder les poursuites et instances d'un Prélat si pieux et si sage, pour obtenir du Saint Siége Apostolique la béatification de la vénérable Mère Jeanne de Lestonnac, Fondatrice de l'Ordre des Religieuses Filles de Notre-Dame, comme une preuve très-remarquable et très-favorable à l'instruction du procès de béatification postulé par les Sœurs Thérèse Duterrail et Cyrille de Bruncan, au nom des Religieuses Filles de Notre-Dame.

C'est pourquoi, sans avoir sous les yeux d'autres documens qu'un Mémoire imprimé pour servir à l'instruction dudit procès, lequel mémoire, en quarante-sept pages *in-fòlio*, contient, 1° une Notice abrégée de la vie de la vénérable Mère Jeanne de Lestonnac; 2° un Recueil de pièces authentiques, au nombre de sept, tant pour la recherche, le recouvrement et la translation des restes de ladite vénérable

Mère de Lestonuac, que pour le double procès instruit par les ordres et sous l'autorité de Monseigneur Daviau Dubois de Sanzay, Archevêque de Bordeaux, à l'effet de constater l'opinion publique sur Madame de Lestonnac pendant sa vie et après sa mort, les vertus héroïques qu'elle a pratiquées, les guérisons et autres choses extraordinaires qui lui sont attribuées, et en même temps le *non-culte*, conformément aux règles de la Sainte Église Romaine, au décret de N. S. P. le Pape Urbain VIII et à l'ouvrage de Benoît XIV, nous joignons très-volontiers nos instances à celles de feu Monseigneur l'Archevêque de Bordeaux, des Religieuses de l'Ordre des Filles de Notre-Dame, de Monseigneur l'Archevêque actuel de Bordeaux, et enfin de Son Em. Monseineur le Cardinal Archevêque de Toulouse qui nous a prié de nous unir à lui, suppliant très-humblement N. S. P. le Pape Léon XII, d'avoir pour agréable notre demande, d'ordonner l'introduction de la cause de la Mère de Lestonnac, et, s'il y a lieu, de procéder à la béatification de cette vénérable Institutrice.

Donné à Paris, dans notre Palais Archiépiscopal, sous notre seing, le sceau de nos armes et le contre-seing du secrétaire de notre Archevêché, le 7 septembre 1827.

† HYACINTHE, Archevêque de Paris.

Par mandement de Monseigneur l'Archevêque :

TRESVAUX, Chanoine, Secrétaire.

Pour adhésion à la demande ci-dessus :

† CAROLUS, Arch. Albiæ.

† L. C. F., Episcopus Appamiensis.

† CH. AL., Évêque de Fréjus.

† JEAN, Évêque d'Agen.

† DOMINIQUE-MARIE, Évêque d'Aire.

Le 6 septembre 1834, Sa Sainteté Grégoire XVI déclara par un décret solennel Mme de Lestonnac, Fondatrice des Religieuses de Notre-Dame, *Vénérable*.

Depuis, le même Souverain Pontife a adressé à Mgr Donnet, Archevêque de Bordeaux, l'invitation de procéder à l'instruction du procès pontifical, et établir un tribunal pour entendre des témoins sur les vertus et les miracles attribués à la Vénérable, et qui aura à se conformer strictement en tout aux formes et règles établies par la Cour de Rome, dont copie est confiée au Tribunal.

Sa Grandeur Mgr l'Archevêque a adressé à chacun des Ecclésiastiques auxquels elle a voulu confier les importantes et délicates fonctions de membres du Tribunal pontifical, son ordonnance du 25 décembre 1842 ; d'après leur respectueuse acceptation, ils ont été convoqués au palais archiépiscopal,

Où Sa Grandeur, après la prière d'invocation, leur a exposé que Mme de Lestonnac, Fondatrice de l'Ordre des Religieuses de Notre-Dame, avait été déclarée Vénérable par le Sacré Siége, à la suite d'une première procédure instruite dans cette ville, sous l'épiscopat de Mgr de Cheverus ; sa Grandeur daigne annoncer à la commission que le Souverain Pontife Grégoire XVI, actuellement régnant, a autorisé l'introduction du procès de la béatification, et qu'il lui a conféré tous les pouvoirs nécessaires pour instruire cette cause si intéressante pour l'Église, et en particulier pour le diocèse de Bordeaux, et que c'est en vertu de cette délégation spéciale, et pour répondre aux vœux de Sa Sainteté, qu'il a lui-même rendu l'ordonnance précitée du 25 décembre 1842 ;

A de suite constitué le Tribunal, reçu le serment de chacun des Ecclésiastiques qui le composent.

Le Tribunal, appuyé sur les secours d'en haut, qu'il réclame avec instance, va s'occuper des honorables, mais bien délicates fonctions dont il est chargé. Il espère que Dieu accordera à l'intercession de la Vénérable Fondatrice les miracles qui doivent précéder le décret de béatification.

Signé Morel,

Vicaire-général et Supérieur de la Maison des Religieuses de Notre-Dame, de Bordeaux.

4 mars 1843.

www.ingramcontent.com/pod-product-compliance
Lightning Source LLC
LaVergne TN
LVHW010103230826
846091LV00005B/2072
9782011760401